# Inhalt

## Gastronomie - Großgastronomen profitieren überdurchschnittlich vom Wirtschaftswachstum

Kernthesen

Beitrag

Fallbeispiele

Zahlen und Fakten

Weiterführende Literatur

Impressum

GENIOS BranchenWissen Nr. 12 vom 04.12.2012

# Gastronomie - Großgastronomen profitieren überdurchschnittlich vom Wirtschaftswachstum

*Markus Hofstetter*

## Kernthesen

- 2011 meldeten sowohl die Gastronomie als auch die Caterer und Pachtkantinen Umsatzzuwächse.
- Die deutschen Top-100-Großgastronomen wachsen stärker als der Durchschnitt, McDonalds steht unangefochten an der Spitze des Rankings.

- Hotels mit Restaurant sind erfolgreicher als Hoteliers ohne Gastronomie.
- Bäckereien entwickeln sich im Quickservice-Sektor zu ernstzunehmenden Konkurrenten der traditionellen Gastronomie.

## Beitrag

## Die gesamte Gastronomie profitiert 2011 vom Wirtschaftswachstum

2011 brachte der deutschen Gastronomie den höchsten prozentualen Umsatzzuwachs seit der Wiedervereinigung. Die Erlöse erhöhten sich nominal um 3,9 Prozent von 35,5 Milliarden Euro auf 36,9 Milliarden Euro. Real lag das Plus bei 2,5 Prozent. Dieses Wachstum wurde erzielt, obwohl das Preis-Leistungsverhältnis ein immer wichtigeres Kriterium bei der Wahl des Restaurants wird. Während im Jahr 2007 der Preis den Ausschlag nur bei zwölf Prozent aller Gastronomiebesuche gab, lag die Quote 2011 bereits bei 21 Prozent.

Nach langer Durststrecke profitierten auch die

Gemeinschaftsgastronomen vom wirtschaftlichen Aufschwung. Während die Anzahl der Besuche in Betriebsrestaurants und Mensen 2011 im Vergleich zum Vorjahr mit plus 0,1 Prozent nahezu konstant blieb, kletterten die Einnahmen um drei Prozent auf 5,9 Milliarden Euro. Im Schnitt hinterließ im Jahr 2011 jeder Besucher in Mensa und Kantine 74 Euro, das sind drei Euro mehr als ein Jahr zuvor. Der Durchschnittsbon kletterte um sieben Cent oder 3,1 Prozent auf 2,35 Euro. (1), (2), [Abb. 1]

Das schlechte Wetter im Juni 2012 machte dem getränkeintensiven Gaststättengewerbe einen Strich durch die Rechnung. Die Betriebe legten im diesem Monat nur um 1,3 Prozent zu, gleichzeitig wurde ein reales Minus von 1,1 Prozent verzeichnet. Kumuliert betrachtet endete das erste Halbjahr bei einem nominalen Plus von 2,35 Prozent, das reale Plus lag nur bei 0,2 Prozent. (3)

# Top-100-Großgastronomen wachsen stärker als der Durchschnitt

Für Deutschlands Großgastronomen war 2011 ein gutes Jahr. Nach Angaben von food-service erhöhten die hundert größten Betriebe im vergangenen Jahr ihren Nettoumsatz um 5,1 Prozent auf 11,2 Milliarden Euro. Das Umsatzplus ist damit höher als das der Gastronomie in Deutschland insgesamt.

Wie in den vergangenen Jahren rangiert McDonalds unangefochten auf dem ersten Platz. Der Umsatz lag bei rund 3,2 Milliarden Euro. Weit dahinter liegt Burger King mit 790 Millionen Euro Umsatz. Es folgen LSG mit 714 Millionen Umsatz und die Autobahn Tank&Rast mit 597 Millionen Umsatz. Ebenfalls im Spitzenfeld sind die Nordsee mit 301 Millionen Euro Umsatz, SSP mit 185 Millionen Euro Umsatz, Yum mit 177,6 Millionen Euro Umsatz, Aral mit 175,1 Millionen Euro Umsatz sowie Ikea und Subway mit je 175 Millionen Euro Umsatz.

55,9 Prozent des Gesamtumsatzes der führenden einhundert Systemgastronomen macht die Kategorie Quickservice, 23,7 Prozent die Verkehrsgastronomie. 6,3 Prozent entfallen auf Fullservice-Restaurants, 5,5 Prozent auf Freizeiteinrichtungen, fünf Prozent auf Handelsgastronomie und 3,6 Prozent auf Event-Catering. Die größten Umsatzzuwächse erzielte im vergangenen Jahr das Event-Catering mit plus zehn Prozent.

Wie entwickelten sich die einzelnen Kategorien? Quickservice mit 35 Betrieben inklusive Fast Casual und Kaffeebars erhöhte im Durchschnitt den Umsatz um 5,7 Prozent. Die Unternehmen verfügten über insgesamt rund 10 700 Units, das sind 0,4 Prozent mehr als 2010. Wachstumssieger sind die Kaffeebarunternehmen Balzac und Coffee Fellows mit 78,3 Prozent beziehungsweise 62,8 Prozent Umsatzplus bei 27 beziehungsweise 29 Units Netzverdichtung. Es folgt Vapiano mit 24,4 Prozent Mehrerlösen bei 9,8 Prozent mehr Units.

Die Verkehrsgastronomie verzeichnete ein durchschnittliches Umsatzplus von 3,2 Prozent bei minimaler Flächensteigerung. Von den 20 Betrieben ist nur Gate Gourment im Minus. Trotzdem gelang kein überragendes Gruppenwachstum, weil acht der Top Ten unterdurchschnittlich vorwärtsgekommen sind. Das Segment wird angeführt von LSG.

Die Fullservice-Restaurants mit 17 Betrieben erhöhten durchschnittlich ihren Umsatz um 7,9 Prozent bei 3,3 Prozent mehr Fläche. Die Kategorie präsentiert sich so gut wie schon lange nicht mehr. Mit Wienerwald war nur ein einziger Name ist im Minus, dagegen wurde vier Mal ein zweistelliges Plus verzeichnet. Die Block-Gruppe führt das Segment an, gefolgt von Kuffler und Maredo, die beide erstmals mehr als 100 Millionen Euro Umsatz machen.

Bei der Freizeitgastronomie rangiert typischerweise das Trinken vor dem Essen, die soziale Komponente vor dem kulinarischen Anspruch. Die 14 Betriebe verzeichneten im Durchschnitt ein Umsatzplus von 7,7 Prozent bei 3,9 Prozent mehr Units. Auch hier gab es mit G&T Eurogast nur ein einziger Minusfall, aber drei Mal zweistelliges Plus. An der Spitze des Feldes gelang es Enchilada mit kräftiger Expansion, den Europa-Park zu überholen.

Die sechs Betriebe der Handelsgastronomie mussten ein durchschnittliches Umsatzminus von 1,3 Prozent hinnehmen, bei 7,9 Prozent Flächenzuwachs. Seit Jahren sehen die Zahlen ähnlich bescheiden aus. Der Bedeutungsverlust dieser Kategorie über zwei Dekaden hinweg ist signifikant. Umsatzstärkstes Unternehmen ist Ikea.

Die acht Unternehmen im Event-Catering erhöhten ihren Umsatz durchschnittlich um zehn Prozent. Das ist wie im Vorjahr die beste Gruppenentwicklung. Das Segment wird angeführt von Käfer. (5), (6), [Abb. 2]

## Abendkarte ist der wichtigste Umsatzbringer für Gastronomen

Laut dem Marktforschungsunternehmen The Business Target Group ist die Abendkarte der wichtigste Umsatzbringer für die meisten Gastronomen. 38,3 Prozent des Gesamtumsatzes trägt das abendliche Geschäft im Durchschnitt aller befragten Betriebe bei. Bei einem 25,8 Prozent der Teilnehmer macht die Abendkarte gar 51 bis 75 Prozent vom Gesamtumsatz aus. Mit 22,3 Prozent durchschnittlichem Umsatzanteil auf Platz zwei folgen alkoholische Getränke. Danach kommt mit durchschnittlich 19,8 Prozent Umsatzanteil der Mittagstisch. In der Gastronomie mit weniger als fünfzig Plätzen ist dagegen die Abendkarte mit 35,5 Prozent Anteil im Schnitt weniger wichtig als für größere Betriebe. Dafür erwirtschaften die Kleineren mit 26 Prozent Anteil besonders viel über den Partyservice. Im Durchschnitt sind es nur 13,4 Prozent. (7)

## McDonalds beherrscht Facebook

Auf Facebook wachsen die Fanzahlen deutscher Gastro-Marken. Unangefochten vorne liegt nach wie vor McDonalds. Allein das Fanplus seit Februar 2012 bewegt sich in derselben Größenordnung wie die Gesamtanzahl des Zweitplatzierten Subway Deutschland. Doch auch die Sandwich-Kette verdoppelte ihren Zuspruch im Untersuchungszeitraum beinahe. Damit hat Subway Starbucks und Vapiano hinter sich gelassen. Letztere Marke liegt nach einem Überholmanöver durch Pizza Hut aktuell auf dem fünften Platz. Allerdings sind die

Abstände hauchdünn. Alle Platzierten der aktuellen Top Ten liegen inzwischen bei über 100 000 Fans. Im Frühjahr 2012 hatten dies nur die besten sieben geschafft. Ein Vertreter der Februar-Top Ten fehlt allerdings. McCafé hat keine eigene Seite mehr da diese in der McDonalds-Seite aufgegangen ist. Zu den Aufsteigern im Ranking gehören neben den Lieferportalen wie Pizza.de, Lieferservice.de, Lieferheld.de und Lieferando.de auch die Bubble-Tea-Spezialisten. Hier zeigt sich weiterhin die enorme Affinität der jeweiligen Zielgruppe zu sozialen Medien und Online-Diensten. (8)

## Hotels mit Restaurant machen mehr Umsatz

Die deutschen Hoteliers mit Restaurant haben im Februar 2012 laut dem AHGZ-Monitor deutlich besser abgeschnitten als ihre Wettbewerber ohne angeschlossene Gastronomie. So meldete bei den Hoteliers mit Restaurant 56,7 Prozent der Befragten, dass ihr Umsatz im Vergleich zum Vorjahresmonat gestiegen ist. Bei den Hoteliers ohne Restaurant liegt der Anteil der Umsatzgewinner mit 40,6 Prozent niedriger. Der Anteil der Hoteliers, die ihren Umsatz konstant halten konnten, liegt in beiden Gruppen bei rund 13 Prozent. Der Unterschied schlägt sich auf bei den Hoteliers zu Buche, die Umsatz eingebüßt haben.

Von den Hoteliers mit Restaurant sind weniger als 20 Prozent betroffen, von denen ohne Restaurant mussten dagegen 36,2 Prozent ein Minus bei den Erlösen hinnehmen. (9)

# Trends

## Bäckereien emanzipieren sich im Außerhausmarkt

Die Bäckerzunft steht in harter Konkurrenz zu Aldi und Lidl. Verbraucher greifen immer öfter zu Brot und Brötchen aus den Backautomaten der Discounter. Deswegen entdecken immer mehr Bäckereien den Außerhausmarkt. Knapp 20 von 100 Besuchen im Quickservice-Sektor finden bereits beim Bäcker statt. Das macht in Deutschland eine Milliarden Visits pro Jahr. Dies ist rund ein Viertel mehr als zum Jahrtausendbeginn. Aus Bäckerimbissen werden Bakery Cafés oder sogar Bäckereirestaurants. Dabei gehen Backen und Kochen fließend ineinander über. Voraussetzungen für den Erfolg sind sehr gute Standorte, bestes Image beim Verbraucher sowie Stärken, die ein Bäcker bereits besitzt: Frische und Take-away. Im Tageszeitenprofil des Bäckers hat das Frühstück eine

Spitzenstellung. Auch Sonntage entwickeln sich zu guten Verkaufstagen. (10)

# Fallbeispiele

## LSG treibt Einzelhandelsgeschäft voran

LSG, Catering-Tochter der Lufthansa, hat im August 2012 die Einführung einer neuen, weltweiten Marke bekannt gegeben. Unter dem Label Fine Choice sollen die Aktivitäten im Einzelhandelsgeschäft vorangetrieben werden. Die Produktpalette von Fine Choice wird eine Auswahl aus Snacks, traditionellen, modernen und religiösen Mahlzeiten sowie vegetarische und Bio-Speisen umfassen. (11)

## Vapiano ermöglicht bargeldloses Bezahlen per Smartphone

Vapiano hat Anfang September 2012 das bargeldlose Bezahlen per Vapiano People-Card oder Smartphone eingeführt. Mit der Einführung einer bargeldlosen Bezahlfunktion hat Vapiano die flexible Nutzung der Mitgliedskarten seines Vapiano People-Programms deutlich erhöht. Mitglieder können auf www.vapianopeople.com die Karte mit bis zu 100 Euro über die eigene Kreditkarte aufladen und an der Kasse im Vapiano mittels Scannen des QR Codes auf der Mitgliedskarte oder sogar auf ihrem Smartphone bezahlen. Zusätzlich bietet Vapiano auch das Lastschriftverfahren an, um die People-Card mit Guthaben aufzuladen. (12)

## Zahlen & Fakten

Abbildung 1: Die Umsätze im Gaststättengewerbe und bei Pachtkantinen/Caterer steigen

Entnommen aus: Homepage DEHOGA, (4)

Abbildung 2: Die Top 10 Gastronomen in Deutschland

| Rang 2011 | Rang 2010 | Unternehmen | Umsatz in Mio. Euro | Units |
|---|---|---|---|---|
| 1 | 1 | McDonalds | 3 195 | 1 415 |
| 2 | 2 | Burger King* | 790 | 696 |
| 3 | 3 | LSG | 714 | 19 |
| 4 | 4 | Tank&Rast | 597 | 393 |
| 5 | 5 | Nordsee | 301 | 345 |
| 6 | 7 | SSP | 185 | 284 |
| 7 | 10 | Yum! | 178 | 139 |
| 8 | 9 | Aral/Petit Bistro | 175 | 1 076 |
| 9 | 8 | Ikea | 175 | 46 |
| 10 | 6 | Subway* | 175 | 612 |
| | | **Gesamt** | 6 485 | 5 025 |

* Schätzwert, Quelle Foods Service Entnommen aus: Food Service, 4/2012, S. 20, (5)

# Weiterführende Literatur

(1) Gastgewerbe ist im Plus
aus Allgemeine Hotel- und Gastronomie-Zeitung 09

vom 25.02.2012 Seite 002

(2) Gäste geben wieder mehr aus
aus gv praxis Nr. 04 vom 13.04.2012 Seite 015 bis 017

(3) GFGH, GEH und Gastronomie: Marktentwicklungen im ersten Halbjahr GEMA fordert überhöhte Zahlungen
aus gv praxis Nr. 04 vom 13.04.2012 Seite 015 bis 017

(4) Umsätze und Umsatzenwicklung im Gastgewerbe
aus gv praxis Nr. 04 vom 13.04.2012 Seite 015 bis 017

(5) 2011: Spitzenjahrgang trotz Krisenpermanenz
aus Food Service Nr.04 vom 24.04.2012 Seite 020

(6) Große Gastronomen im Aufwind
aus Allgemeine Hotel- und Gastronomie-Zeitung 11 vom 10.03.2012 Seite 012

(7) Gastronomen sehen rosige Zukunft
aus Allgemeine Hotel- und Gastronomie-Zeitung 17 vom 21.04.2012 Seite 012

(8) Facebook: McDonald's zieht davon
aus Food Service Nr. 10 vom 08.10.2012 Seite 016

(9) Mit Restaurant läuft's besser
aus Allgemeine Hotel- und Gastronomie-Zeitung 19 vom 05.05.2012 Seite 012

(10) Gastronomisierung der Bäcker
aus Food Service Nr.02 vom 03.02.2012 Seite 045

(11) LSG führt neue Einzelhandels-Marke 'Fine

Choice' ein
aus Food Service Nr. 09 vom 14.09.2012 Seite 015

(12) Gastronomen starten Mobile Payment
aus Food Service Nr. 09 vom 14.09.2012 Seite 012

# Impressum

## Gastronomie - Großgastronomen profitieren überdurchschnittlich vom Wirtschaftswachstum

**Bibliografische Information der deutschen Nationalbibliothek**

Die Deutsche Nationalbibliothek verzeichnet diese Publikation in der deutschen Nationalbibliografie; detaillierte bibliografische Daten sind im Internet über http://dnb.d-nb.de abrufbar.

ISBN: 978-3-7379-3004-8

© 2015 GBI-Genios Deutsche Wirtschaftsdatenbank GmbH, Freischützstraße 96, 81927 München, www.genios.de

Alle Rechte vorbehalten. Dieses Werk ist einschließlich aller seiner Teile – z.B. Texte, Tabellen und Grafiken - urheberrechtlich geschützt. Jede Verwertung außerhalb der Grenzen des Urheberrechtsgesetzes bedarf der vorherigen Zustimmung des Verlags. Dies gilt insbesondere auch für auszugsweise Nachdrucke, fotomechanische

Vervielfältigungen (Fotokopie/Mikroskopie), Übersetzungen, Auswertungen durch Datenbanken oder ähnliche Einrichtungen und die Einspeicherung und Verarbeitung in elektronischen Systemen.